QUESTIONS

SUR

LE PACTE SOCIAL

DES FRANÇAIS.

Les guerres de nation à nation, les discordes civiles se terminent ou sont prévenues de la même manière, par des traités.

Ces traités ne sont durables que quand ils ont pour bases les principes de l'éternelle justice, les intérêts communs des contractans, la reconnaissance mutuelle de tous les droits.

On ne peut d'aucun ouvrage humain attendre la perfection : quand il s'agit de *Constitution* politique, le seul espoir raisonnable est celui de résoudre les problêmes les plus importans, de manière à rendre moins dangereuse la différence des opinions sur les questions accessoires, sur les besoins que le tems peut créer ou découvrir, sur les changemens qu'il peut rendre nécessaires.

Tels furent, au milieu de nos vicissitudes, tels sont, depuis vingt-six ans, les espérances et les vœux constans des Français.

Nos premières Assemblées Nationales, livrées, avec de grands talens et beaucoup moins d'expérience, au choc des idées anciennes et des idées nouvelles, jettées au-delà du but par les ennemis de toute réforme, devaient, bien que très-éclairées, être plus exposées à l'erreur.

D'horribles convulsions ont suivi les premiers essais.

Chaque révolution nous offrait une perspective nouvelle.

La pénultième devait calmer et terminer tous nos maux; mais elle réveilla de vieilles prétentions, qui, très-peu déguisées, nous ramenaient au point de départ.

Aujourd'hui nos discussions les plus orageuses se trouvent peut-être à la distance convenable pour pouvoir être jugées par la seule raison.

Instruits à-la-fois et refroidis par le tems, nous avons appris à nous défier même de l'amour du bien. Malgré quelques divergences d'opinion, la *concorde* est, aux yeux du très-grand nombre, la première garantie de notre indépendance et de l'honneur national,

Après tant de révolutions, avec tant de souvenirs, la pensée de l'avenir est calme.

Un seul évènement pourrait, en réunissant tous les intérêts, nous rendre l'enthousiasme.

Xerxès, quand il eut traversé, avec son innombrable armée, l'Asie mineure, la Thrace, la Macédoine, apprit en Thessalie, que les Grecs étaient occupés des jeux Olimpiques.

Une assemblée non moins solanelle, des soins plus importans nous occupent. Tout annonce que nous ne serons pas forcés de les quitter pour courir aux armes.

P. S. L'impression de cet écrit était presque terminée lorsqu'a paru le projet de Constitution présenté par l'Empereur à la Nation.

Les amis de la liberté trouveront ce semble, dans cet acte, toutes les garanties desirables sur les droits des citoyens, sur la démarcation et l'indépendance des pouvoirs, sur la responsabilité de tous les agens, la libre communication des pensées, sur tous les genres de propriétés, et principalement sur la guerre etc.

Le contreseing apposé sur les Actes du Gouvernement, assurera la responsabilité souvent décrétée des Ministres, et nous préservera de l'arbitraire.

Au nombre des propriétés que la société doit garantir, sont placées avec raison les créances sur l'État.

L'impôt foncier était seul déclaré *annuel* ; cette disposition est étendue à toutes les contributions directes.

Les levées de troupes ne pourront, comme les levées d'argent, être ordonnées que par une *loi* : et on apperçoit quel surcroît de garantie offrent à cet égard 1°., la publicité des délibérations ; 2°. L'adjonction d'un second corps beaucoup plus nombreux et fréquemment renouvellé. Des Représentans sortis successivement de la foule des citoyens, et toujours prêts à y rentrer, connaîtront mieux et respecteront ou craindront bien plus l'opinion publique.

Je ne puis parler que des dispositions nouvelles, et je n'en rappelle qu'une partie. Les observations à cet égard n'ont pas besoin de développement.

L'équilibre des pouvoirs devant résulter de l'ensemble des dispositions anciennes et des dernières dispositions, le calcul des compensations exigerait un examen approfondi et une discussion peut-être assez longue.

Etudié dans ses détails, le projet ne me laisse de regrets que sur deux points essentiels, les conditions de *l'éligibilité* et la nomination des Pairs.

Je desirais, quant au premier, que les services rendus dans les fonctions moins importantes, donnassent des droits exclusifs aux fonctions supérieures, et je voyais là un moyen d'augmenter à-la-fois, et de constater l'aptitude et les talens des candidats.

l'art. 4 du projet attribue à l'Empereur seul la nomination des Pairs. J'eusse préféré le concours des Collèges Électoraux, du Gouvernement, et des deux Chambres.

J'insisterais moins sur la première idée, si elle n'était que la mienne, et si elle n'était appuyée par l'expérience des Romains et l'autorité de nos premiers publicistes. Voyez p- 19 et s.

Je n'insisterais pas plus sur la seconde, si elle n'avait pour recommandation, une autorité plus imposante. Voyez l'article 16 de la Constitution de l'an 8.

L'importance du concours indiqué par cet article, et amendé comme je l'imaginais, suppose la Pairie non héréditaire, et j'avoue encore que l'hérédité de la Pairie me paraît plus *dangereuse qu'utile*. Voyez les raisons de cette opinion, pages 5, 24 et 25.

Au total, l'écrit suivant contient des objections sur trois articles du Pacte proposé, et des raisons nouvelles à l'appui du plus grand nombre. Pour rendre claires les unes comme les autres, l'enchaînement méthodique

des idées était surtout indispensable. Sous ces divers
rapports, cet essai paraîtra peut-être utile, pour faciliter
l'examen d'un projet fait pour la France, et que tous
les Français doivent juger.

Nota. Un autre travail donnerait à la Nation des lumières très-
nécessaires, ce serait la réunion des dispositions constitution-
nelles existantes, qui resteront obligatoires après les dernières
modifications. Il serait à desirer que ce tableau pût paraître
avant l'expiration du tems fixé pour l'émission des votes.

QUESTIONS
SUR LE PACTE SOCIAL
DES FRANÇAIS.

Il n'est plus tems de combiner des hypothèses ou de rêver des théories politiques.

Les hommes en société sont bien décidément réduits à sacrifier une partie de leurs droits pour garantir le reste. Jusqu'où doit aller ce sacrifice ? Probablement il n'est sur cette question aucune réponse qui puisse convenir à-la-fois à toutes les nations, ni à la même nation dans tous les tems.

Au milieu de nos longues agitations, on s'accordait assez généralement sur un point. Aux yeux même de ceux qui disputaient sur la prééminence absolue ou relative de la Monarchie ou de la République, ce que chacun de ces gouvernemens offre de mieux est précisément ce qu'ils ont ou peuvent avoir de commun, la forme *Représentative*.

Cette forme, dans l'une et l'autre supposition, est susceptible de nombreuses variétés.

Dans toute organisation politique, deux grands intérêts à concilier : *sûreté*, *liberté*.

Un peuple est aussi libre qu'il peut l'être, s'il

ne donne à son Gouvernement de pouvoir que ce que la sûreté commune exige.

Sans la sécurité, point de sûreté durable. Pour que les révolutions soient efficacement prévenues, il faut prévenir jusqu'à la crainte. Il faut donc un Gouvernement fort. Mais s'il l'est trop, c'est lui alors que l'on redoute : il n'y a pas non plus de sécurité.

Répartition des pouvoirs, choix des dépositaires, tout est là.

La puissance de créer, celle d'exécuter les lois, le droit d'élire et celui d'être élu, ces prérogatives, dont la distinction est si nécessaire et la combinaison si difficile, sont, chez différens peuples, diversement distribuées.

Une première vérité, très-importante et trop souvent méconnue, c'est que plusieurs combinaisons différentes peuvent conduire aux mêmes résultats et donner à peu près l'équilibre.

Dans la répartition des pouvoirs publics aucune attribution ne peut donc être évaluée isolément. A chaque prérogative il faut penser aux compensations ; il faut embrasser et juger l'ensemble.

PREMIÈRE PARTIE.

RÉDACTION, EXÉCUTION DES LOIS.

Dans l'état de société, tous les droits sont sous la garantie de toutes les forces.

Le pacte social met, pour ainsi dire en commun, non toutes les propriétés, toutes les facultés personnelles, mais seulement de l'avoir et du pouvoir de chacun là portion qui est indispensable pour la défense et les dépenses communes.

Les besoins variant sans cesse, la double cottisation doit varier avec eux.

Dans l'impossibilité de tout prévoir et de régler tout par une première convention, dans l'impossibilité non moins reconnue d'appeler à chaque examen tous les associés, on choisit parmi eux le nombre d'hommes nécessaire pour veiller aux intérêts de chaque jour. A chaque mandataire on assigne ses fonctions ; tous sont subordonnés à un Pouvoir central : ainsi, toutes les parties d'un grand corps semblent obéir à une seule pensée.

§. I. *Démarcation des pouvoirs.*

Division du Pouvoir législatif ; unité du Pouvoir exécutif ;

La nécessité de cette différence est aujourd'hui le moins contesté de nos dogmes politiques.

Deux corps distincts, dont l'un composé de fonctionnaires *permanens*, l'autre périodiquement *renouvellé*, concourant avec un Monarque *héréditaire*, à la composition des lois ; cette première combinaison semble recommandée par l'expérience de plusieurs peuples et par nos dernières expériences.

Sortis périodiquement de la foule, et y rentrant de tems à autre, les Députés des Départemens voient de plus près tous les besoins, surtout ceux de l'agriculture et du commerce. En se communiquant réciproquement leurs connaissances locales, ils détermineront plus sûrement le choix, la quotité, les résultats des sacrifices que l'intérêt commun peut prescrire, ceux que peuvent supporter ou la propriété foncière, ou tels genres d'industrie. Comparant, sur chaque projet, le but aux moyens, les avances demandées aux avantages réels, ils examineront surtout ce qui est possible.

Les Sénateurs ou les Pairs, placés dans une position différente, et considérant quelque fois les mêmes objets sous d'autres points de vue, concevront quelque fois aussi d'autres idées. Attentifs surtout à prévenir ou à concilier les dissentimens, collaborateurs, médiateurs ou arbitres, ils peuvent chaque jour accroître leur considération par l'influence des lumières, ajouter à leur dignité toute la dignité de la raison.

Enfin, le chef chargé de l'administration suprême jugera mieux ou connaîtra plutôt les besoins de cette administration, les inconvéniens ou l'insuffisance de certaines lois. Entre les grands intérêts de la nation, il appercevra le premier ceux qui tiennent à nos relations avec les autres peuples.

Ce concours de trois pouvoirs promet donc que tous les besoins seront examinés, tous les intérêts connus, tous les droits protégés.

Aucune de ces autorités ne pouvant rien conclure séparément, chacune pouvant éventuellement devenir médiatrice entre les deux autres, il est clair que les chocs seront plus rares et moins dangereux. Tout semble garantir que des trois dépositaires des droits de la nation deux au moins s'uniront toujours pour conserver, jamais pour usurper ou pour détruire.

On voit aussi qu'une certaine différence entre les deux premiers Corps délibérans vaut mieux que des élémens absolument homogènes. Mais si cette différence, au lieu d'être restreinte à la durée des fonctions, allait au point de créer des prétentions, des intérêts opposés, il est clair que la confiance s'altérerait bientôt. Or tel serait quant aux Pairs ou Sénateurs l'un des effets de l'hérédité.

Si d'un côté les membres du Sénat sont inamovibles et par conséquent indépendans, ils ont à-la-fois plus de sagesse et plus d'énergie. Si, de l'autre, cette dignité n'est pas transmissible par succession, mais par élection nouvelle, les familles patriciennes ne formant pas *classe* et ne se séparant pas du reste des Français, dans le Sénat, comme dans l'autre Corps, tous les individus sentiront que le plus grand intérêt de chacun est l'intérêt général. Tous défendront les premiers droits des hommes réunis, la liberté, la propriété ; tous en ce sens représenteront la nation entière.

Mais dans ce concours de trois autorités à la législation, quelle sera la part de chacune ? A qui appartiendra le droit de proposer ou *l'initiative ?*

La Constitution de 1791 donnait la proposition à l'Assemblée représentative et le *veto* suspensif au Monarque.

La Constitution de l'an 3, qui avait créé un second Corps délibérant différant très-peu du premier, avait donné exclusivement l'initiative à l'un d'eux et ne laissait au Directoire que le droit de recommandation, sans *veto.*

La Constitution de l'an 8 donnait exclusivement l'initiative au Gouvernement.

La Charte a admis une sorte de partage et ses dispositions à cet égard peuvent être facilement améliorées.

On conçoit d'abord le danger d'une attribution exclusive.

Obligé d'agir tous les jours, le Pouvoir exécutif a tous les jours besoin de confiance. On sait
combien la confiance prévient d'oppositions,
combien avec elle un chef a rarement besoin
d'autre force. A cette confiance tient surtout la
dignité. Pour prévenir tout ce qui pourrait al-
térer l'une ou l'autre, il importe donc que dans
son influence législative, le Prince ne soit pas
souvent exposé à des rejets formels.

Quand de deux ou même trois autorités une
seule a le droit de proposer, chaque refus en
fait prévoir d'autres; plusieurs refus répétés pa-
raissent tenir à un système, font supposer l'intention de paraliser ou d'envahir. Le mouvement,
l'inaction, le silence prennent un aspect presque
également hostile. Bientôt ces autorités également
inquiètes sont comme des armées en présence.
Au contraire le même droit exercé alternative-
ment donne des idées de composition, d'émulation sans rivalité, de dévouement exclusif à l'intérêt public.

Il est peut-être quelques genres d'intérêts sur
lesquels l'initiative n'est pas aussi facilement par-
tageable, mais sur lesquels néanmoins l'influence, quelle que soit sa forme, doit être la même.

II. *De quelques délibérations particulières.—*
Contributions d'hommes et d'argent.

Après le compte de chaque année, le *Budjet*

qui indique les besoins de l'année suivante, indique par là-même les sommes nécessaires pour
y pourvoir. L'autorité qui reçoit et qui dispose
est donc aussi celle qui demande. Sur l'utilité de
chaque dépense, sur le choix des contributions à
augmenter, à réduire, à supprimer ou à rem-
placer par d'autres, enfin sur le mode de perception le plus productif pour le trésor public et le
moins onéreux pour le peuple, quand le Gouvernement a énoncé ses vues, les objections
de l'une des Chambres amènent naturelle-
ment l'indication de quelques autres moyens.
Pourquoi les Députés ne pourraient-ils quelque
fois prévenir les propositions du Pouvoir exécutif? La forme des communications peut être ré-
glée de manière à assurer les avantages et éloigner les inconvéniens de l'initiative.

Quant à la durée de l'impôt, je n'ai pas besoin
de faire remarquer la sagesse d'une précaution
consignée dans presque toutes les Constitutions
représentatives et d'une restriction adoptée dans
quelques-unes. Si, faute de renouvellement dans
un moment fixé, toute perception était aussitôt
suspendue, au moindre retard, le mouvement
est arrêté, la vie cesse. Une telle suspension serait, en raison de notre position, bien plus dangereuse pour nous que pour l'Angleterre. Assu-
rément il est peu de maux qui parussent plus
redoutables qu'un tel préservatif ou un tel re-

mède. L'excessive précaution deviendrait ou malfaisante ou nulle. Rien par conséquent de mieux motivé que la disposition qui déclare *annuelle* la contribution foncière et la modéra-tion qui n'applique à aucun autre impôt la même disposition.

Les intérêts de tous les momens, les besoins habituels ne sont peut-être pas les plus difficiles à régler. Mais ces crises accidentelles que ramènent trop fréquemment les prétentions opposées des Princes, les intérêts bien ou mal connus des na-tions, la *guerre* enfin, créant toujours des be-soins nouveaux, exige un autre genre de contri-butions et de sacrifices. Ceci rappelle à-la-fois nos plus glorieux et nos plus cruels souvenirs.

Telle est depuis longtems la correspondance et, pour ainsi dire, la cohésion de tous les peu-ples de l'Europe que l'état militaire ou le nombre de troupes nécessaires à tous les Gouvernemens est presque nécessairement fixé par un seul. Aux peuples qui sont, en quelque sorte, défendus par leur position géographique, aux insulaires, par exemple, ou à tel autre État qui n'a de voi-sins que sur une seule frontière, (*) il faut une armée moins nombreuse. La France, située, pour ainsi dire, au centre des nations guerrières et civilisées, a besoin d'une force plus imposante.

(*) Par exemple, la Russie.

Cette situation peut, en certains tems devenir, sous le rapport de la liberté, un désavantage qui appelle des compensations.

Le Monarque pourra-t'il de son propre mouvement, non seulement préparer la guerre, mais la commencer? Conclure définitivement des alliances offensives et défensives, des traités de navigation, de commerce, etc. Quelle part auront à ces transactions importantes et les Représentans électifs ou temporaires et les Représentans inamovibles?

Sans doute, en fixant l'impôt et renouvellant chaque année cette fixation, les Législateurs déterminent indirectement le nombre des soldats. En refusant une augmentation demandée, ils empêchent peut-être la guerre offensive. Mais nul expédient ne peut suppléer aux lumières que produit une délibération directe et quel danger peut-elle offrir? Quel secret peut avoir une nation à qui sa force même commande de renoncer aux conquêtes, qui n'a d'autre intérêt que d'empêcher l'agrandissement des autres et de dévoiler au besoin leurs projets ambitieux? Qu'une puissance du troisième ordre rêve la nécessité de conquérir pour conserver, certaines circonstances, semblables, par exemple, à celles où se trouvait le grand Frédéric, pourraient expliquer de tels rêves. Mais un empire aussi étendu que la France et dont les limites sont si bien fixées et même si puissamment protégées par la nature est celui de tous à qui toute espèce d'acquisition serait le plus inutile. La renonciation aux conquêtes ne peut donc être regardée comme un acte de modération inspiré par les évènemens d'une ou deux campagnes. Cette modération est commandée par nos intérêts éternels. Ce point une fois réglé, les vues de la nation, celles du Gouvernement sont identifiées pour toujours; leur gloire et leurs vœux sont inséparables. Sur ce point comme sur tous les autres, la divergence des opinions serait aussi rare que peu dangereuse.

Quelles que soient donc désormais les combinaisons de la politique européene, quelque soit le mode de recrutement à substituer parmi nous à un mode abhorré, tout accroissement de forces, tous les traités qui peuvent rendre éventuellement un tel accroissement nécessaire doivent être délibérés comme les lois. Ce concours d'autorités rendant toute agression plus difficile et moins probable sera pour nos voisins un premier motif de sécurité, pour eux et pour la France un premier gage de la paix. (*)

(*) On pourrait adopter pour ce genre de délibération le mode prescrit par la constitution de l'an 8, pour toutes les lois. Les propositions du gouvernement seraient portées par ses orateurs à la Chambre des Députés qui, après une première discussion, nommerait d'autres orateurs pour exposer son avis au Sénat.

En supposant les principales prérogatives sagement déterminées, une juste proportion sera pour chaque Pouvoir et pour la nation même une première garantie. Mais le danger ou la crainte des usurpations exigent encore quelques précautions particulières.

III. *Intervalles des sessions législatives.— Ajournement.—Dissolution.*

D'abord entre les Pouvoirs constitués, il est clair que les autorités permanentes ont plus de force que celles dont l'action, dont l'existence même est, pour ainsi dire, intermittente ou périodique. Beaucoup de raisons semblent empêcher la réunion continue des premiers corps délibérans. Mais dans les intervalles qui séparent deux sessions, plusieurs évènemens impossibles à prévoir peuvent exiger des mesures rapides. Certaines dispositions législatives, évidemment bonnes d'ailleurs, peuvent dans l'exécution paraître incomplètes. Tels besoins que l'expérience va manifester ne permettront pas d'attendre ou la session annuelle ou même une session extraordinaire. La loi n'ordonnant rien, il faut bien que le Gouvernement ordonne. Mais sous prétexte du silence ou de l'imperfection des lois, le Gouvernement ne sera-t'il pas quelquefois tenté d'en faire ? Ne pourra-t'il pas ériger en loi sa volonté, appuyer sa volonté par la force ? Ou répond en rappellant la responsabilité des Ministres. Mais cette responsabilité même ne doit pas être arbitraire. Il faudrait donc une distinction bien nette entre les *lois* et les réglemens, entre les ordres qu'un Ministre peut donner et ceux qu'il doit s'interdire.

Plusieurs fois il est arrivé qu'en réglant par une loi certaine partie de l'administration , les Législateurs laissaient quelques détails au Pouvoir exécutif. Sur d'autres objets, certaines dispositions étaient en quelque sorte essayées par des ordres provisoires et les conseils de l'expérience suggéraient une loi définitive. (*) Il est à desirer que pareilles précautions puissent souvent se reproduire. Mais il paraît difficile de fixer tout cela d'une manière absolue et par un article constitutionnel. Cette difficulté est peut-être le côté faible du Gouvernement Représentatif.

Les entreprises des Députés sont beaucoup moins inquiétantes.

Dans l'exercice d'un pouvoir commun, quand sur de grands intérêts les prétentions sont trop opposées, les opinions très-divergentes et impossibles à concilier, le Gouvernement a deux moyens défensifs.

L'ajournement de la session, pour donner aux passions le tems de se calmer.

______

(*) On peut citer l'organisation de l'Université.

L'appel à la nation par la dissolution du Corps Législatif.

Si, dans un nouveau choix, la nation préfère, parmi les anciens Députés ou parmi les autres candidats ceux qui ont défendu tels ou tels principes, il est clair alors que l'opinion des nouveaux élus sera l'opinion publique. Or, quand cette opinion est bien mûrie et légalement constatée, tout doit fléchir devant elle.

IV. *Exécution des lois.—Administrations.— Tribunaux.*

Toutes les lois possibles ont pour objet de régler ou les rapports de la nation avec son gouvernement, ou les rapports des citoyens entre-eux. Ces lois différentes sont confiées à des fonctionnaires de différens dégrés et de différens ordres, aux tribunaux , aux administrations civiles et militaires, aux agens de finance etc.

Les subdivisions sont plus nombreuses dans les États plus étendus.

Il est clair que sur ces différens corps l'action ou l'influence du Gouvernement ne peut être la même.

En général, toutes ces autorités , même la première, se réduisent à déclarer ce que la loi prescrit, et à donner, au besoin, force à la loi.

Quand le Monarque a proposé, quand le Corps Législatif a fixé et réparti entre les Départemens la somme totale des contributions publiques , des répartitions successives sont faites par les Conseils administratifs , entre les arrondissemens , les communes et les individus contribuables.

La dernière opération , d'autres intérêts encore peuvent exciter des réclamations. Sur l'avis des Maires et des Sous-Préfets , les Conseils de préfecture décident. Les Préfets, Sous-Préfets doivent , en d'autres occasions , décider seuls. Il est difficile que les lois dirigent , pour tous les cas , l'action , et enchaînent , pour ainsi dire , la pensée de ces fonctionnaires. Sans une certaine liberté , ils seraient souvent passifs et l'administration sans activité. S'ils ont trop de latitude et trop d'indépendance , l'esprit du Gouvernement cesse d'être un , d'un point à l'autre tout varie , beaucoup de décisions deviennent arbitraires. L'amovibilité de ces agens du pouvoir est la garantie du Gouvernement. Avec la double faculté de les avancer et de les destituer , il influe sur eux par l'espérance et par la crainte. Mais dans l'ordre *judiciaire* , ces deux genres d'influence seraient également dangereux.

Tous les droits individuels une fois réglés , la législation civile et criminelle complette , plus d'arbitraire , plus d'incertitude. Les discussions publiques appellent sur les Magistrats plus ou moins d'attention , en raison de l'importance des affaires. L'heureuse obligation de *motiver* les jugemens éclaire à-la-fois les juges, les intéressés, les spectateurs et le gouvernement qui surveillent. Dans chaque corps deux chefs nommés par le Prince, et tous deux destituables, exercent cette surveillance. Toutes les autres magistratures doivent être *inamovibles*. Ainsi, exempts de toute inquiétude personnelle, inaccessibles à toute influence, et toujours esclaves de la loi, les Magistrats assurent tous les droits qu'elle protège.

La hiérarchie des fonctionnaires de cet ordre est comme celle des administrateurs, la garantie commune des citoyens contre l'erreur. La loi offre deux garanties de plus contre les préventions ou même les négligences des Juges; je veux dire, la récusation et la prise à partie.

Malgré ces précautions, si tant de pouvoir sur l'honneur, sur la fortune et sur la vie des citoyens, pouvait effrayer en certains cas, la limite la plus sûre de l'autorité judiciaire, est l'institution du *jury* en matière criminelle : cette sage institution ne peut être examinée ici sous d'autres rapports.

Enfin, un moyen tendant à augmenter, non l'autorité, mais la considération des Magistrats serait le droit de concourir, par des désignations préliminaires, à la nomination de leurs collègues. Nous arrivons au second ordre de questions à analyser.

Deuxième

DEUXIÈME PARTIE.

DES ÉLECTIONS.

La liberté politique n'est garantie par la division des pouvoirs, que quand la nation conserve le droit d'en renouveller périodiquement les dépositaires ou au moins une partie d'entre-eux. Relativement à ce droit, il est clair encore qu'un peuple est plus ou moins libre en raison de la portion qu'il aura déléguée momentanément, ou entièrement aliénée.

Il y a aliénation lorsque, d'une manière quelconque, tels emplois deviennent héréditaires, ou, relativement aux places restées électives, lorsque certaine portion de citoyens conserve exclusivement le droit d'élire.

Pour une seule place, c'est-à-dire celle du Monarque, les inconvéniens de l'hérédité sont plus que compensés par les dangers du système contraire. Nous n'avons à parler ici que des autres fonctions; nous nous bornerons encore aux questions contentieuses, et nous suivrons toujours, autant que possible, l'ordre naturel des idées.

1. *De l'Éligibilité.*

Le maintien de la société exige évidemment que dans toutes les occasions, les intérêts com-

muns soient confiés aux hommes les plus distin-
gués par leurs vertus et leurs lumières.

Est-il utile d'exiger pour certains emplois quelque autre titre ? Faut-il, par exemple, accorder
quelques privilèges à la fortune, préférer même
à tout, ce dernier genre de recommandation ?

Entre les intérêts sociaux, celui de la propriété est sans contredit l'un des premiers. La
garantie des fortunes est l'un des principaux objets de l'association. Les propriétaires tenant plus
au sol, doivent, plus que les autres citoyens,
craindre les bouleversemens, les convulsions
politiques. Ayant plus à perdre, ils sont plus intéressés à conserver tout Gouvernement établi.

Voilà des vérités incontestables. Mais que de
vérités sont devenues funestes par l'exagération !
Serait-elle ici moins dangereuse qu'ailleurs ?

Par exemple, croira-t-on garantir les propriétés en divisant les propriétaires ? en exposant
les plus riches à la haine de ceux qui, sans rien
envier, ne peuvent voir dans quelques posses-
sions de plus, un motif de préférence, et qui peuvent opposer à ce titre la supériorité des talens ?

Pour le repos de la société, veut-on persua-
der aux Français qui n'ont que leur industrie et
leur modeste habitation, qu'ils sont sans intérêt
au maintien de l'ordre ? Il faudrait oublier que
ces hommes composent les neuf dixièmes de la
nation, et peut-être les dix-neuf vingtièmes de
nos armées ?

La fortune donnant tous les moyens d'édu-cation peut, dans ceux qui possèdent cet avan-tage, annoncer la culture de l'esprit. Mais ce n'est là qu'une présomption, et par respect pour elle, faut-il éloigner ceux qui ont pro-duit des preuves ? Après avoir déclaré tous les Français admissibles à tous les emplois, appellera-t-on exclusivement à certaines fonc-tions les hommes qui paient, par exemple, une contribution de mille francs ? Cette petite restric-tion excluait évidemment les neuf dixièmes des citoyens recommandés par leurs lumières, les neuf dixièmes des savans et des gens de lettres.

Si les distinctions sont nécessaires dans un grand État, toute l'histoire attribue aux distinc-tions mal choisies, ou portées au-delà des limites de la justice, presque tous les troubles qui ont agité les anciens Gouvernemens. Toute l'histoire prouve qu'entre les barrières qui séparaient les différentes classes de citoyens, les plus difficiles à franchir étaient aussi les plus dangereuses.

Quel est à cet égard l'intérêt de la société ? De bien connaître les mandataires à qui elle confie l'exercice de ses droits ; de développer les talens par l'émulation, de les rendre plus utiles en les exerçant, de multiplier les services en récom-pensant ceux qui les rendent.

Les hommes ne naissent pas et ne peuvent

devenir, par la seule théorie, capables des premières places. Que servent au savant le plus laborieux, les plus profondes méditations , sans les leçons de l'expérience ? Et sans épreuve aussi, comment peut-il être jugé ? Pour former les hommes et pour les connaître, il est donc indispensable que les fonctions les moins difficiles servent, pour ainsi dire, de passage aux fonctions supérieures. C'est le système de la *gradualité*, système diversement conçu chez les Romains et quelques autres peuples, recommandé par *Rousseau*, *Mably* et d'autres Publicistes , proposé à l'assemblée constituante par *Mirabeau*, et repoussé alors , seulement comme *prématuré*. Usité longtems parmi nous, mais restreint à l'avancement militaire, ce système, combiné et modifié comme je le conçois , paraît aussi facilement et plus utilement applicable à l'ordre civil.

Dans la hiérarchie politique, telles fonctions administratives ou judiciaires s'exercent, ou sur un canton, ou sur une seule commune; d'autres ont pour limites celles d'un arrondissement ou d'un département; d'autres enfin étendent leur action sur la France entière. Il en est de même à peu près des fonctions militaires, financières, de l'instruction publique etc.

On peut, dans la masse de ces fonctionnaires, distinguer six degrés et deux classes.

Fonctions locales.

1. Conseils municipaux , Juges de paix. Lieutenans.
2. Conseils d'arrondiss. , Tribunaux. . Capitaines.
3. Conseils de départ. , Cours d'apel. Lieut.-Colon.
  (*)

Fonctions nationales.

4. Législateurs , Juges de cassation. . . . . . . Colonels.
5. Conseillers d'Etat . . . . Généraux de brigade
6. Sénateurs . . . . Généraux de division. (**)

'Un avancement scrupuleusement calculé de chaque fonction à la suivante , serait d'une exactitude aussi minutieuse qu'inutile. Mais en regardant comme titre à chaque fonction, les services rendus dans les dégrés inférieurs , on peut exiger un tems plus long des candidats qui ont rempli des fonctions moins importantes ; et voici en deux mots la gradation que je conçois :

(*) Le chef de chaque corps pourrait être assimilé aux simples fonctionnaires du dégré supérieur. Ainsi , par exemple , un Maire serait assimilé aux Conseillers d'arrondissement ; le Sous-Préfet aux Conseillers de Préfecture ; le Président d'un Tribunal , aux Conseillers de Cour d'appel , etc. , etc.

(**) Dans l'intruction publique on soumettrait à une classification analogue les Professeurs de lycée et d'académie, les Proviseurs, Recteurs, Inspecteurs, Conseillers de l'Université.

En finance, les Receveurs , Contrôleurs , Inspecteurs , Directeurs , etc.

» Nul ne sera admissible aux fonctions du troisième dégré ou des dégrés supérieurs qu'après avoir exercé pendant six ans au moins celles du dégré qui précède immédiatement, ou pendant dix ans les fonctions d'un dégré plus éloigné. »

Le premier résultat d'une telle institution, l'avantage le plus incontestable et le plus facile à appercevoir est que la seule perspective des grandes fonctions honore les petites, aux yeux des citoyens qui doivent les respecter, comme aux yeux des Magistrats qui les exercent.

Je renvoie pour les autres motifs à *Mirabeau*; pour les détails aux hommes éclairés que ses raisons auront convaincus, c'est-à-dire à tous ceux qui liront ses discours des 10 et 15 décembre 1789.

En résultat, tous les Français seraient réellement admissibles à tous les emplois civils et militaires, c'est-à-dire tous aux mêmes conditions, tous après les mêmes épreuves; et l'on sent l'immense avantage de cette graduation d'épreuves sur la graduation des fortunes. Mais cette dernière distinction, évidemment dangereuse si on l'applique à l'éligibilité, peut devenir utile, si elle est restreinte à l'exercice d'un autre droit.

II. *Du droit d'élire.--Répartition.—Différences relatives aux différens emplois publics.*

Une première classification s'est introduite dans nos institutions et l'on peut y distinguer :

Les élections exclusivement attribuées au Monarque.

Les élections populaires.

Les élections mixtes.

Cette distinction, tracée jusqu'ici un peu arbitrairement et presque au hasard, peut facilement se régulariser, en se rattachant à quelques principes, c'est-à-dire à nos premiers intérêts.

Un inconvénient commun à toutes les élections est la difficulté d'évaluer les citoyens qui, comparés à chaque emploi, peuvent mériter plus ou moins de confiance. Les regards et l'attention des hommes privés sont nécessairement circonscrits dans un cercle assez étroit. Tels fonctionnaires, connus dans leur commune ou dans leur arrondissement, ne peuvent être jugés ailleurs que sur parole. Placés au centre et sur un point assez élevé pour dominer un vaste horison, le chef et les premiers corps intermédiaires embrassent à-la-fois le cercle entier, mais aussi voient moins distinctement les objets placés à la circonférence. De cette différence de position et de moyens résulte une conséquence incontestable:

C'est que, dans le calcul des influences, il faut en attribuer plus aux sections du peuple sur les petites magistratures et plus au gouvernement sur les grandes.

Mais cette considération n'est pas la seule et ses premières applications peuvent être modifiées par des considérations d'un autre ordre.

Par exemple, quant à la composition des lois, si le Monarque pouvait seul désigner les hommes qui doivent y concourir avec lui , tout ce que feraient des fonctionnaires ainsi nommés, lui même serait censé le faire. Le partage du pouvoir législatif serait donc illusoire. Il est bon néanmoins de distinguer.

On ne peut appeller Députés, Représentans ou mandataires du peuple que ceux qui sont nommés par le peuple et par lui seul. Mais entre le Monarque héréditaire et les Représentans électifs, si, comme tout le commande, on admet un autre corps , ce corps, considéré comme modérateur, médiateur ou arbitre doit obtenir à-la-fois la confiance de tous les intéressés, c'est-à-dire celle de la nation et celle du Prince. Tous doivent donc concourir à la nomination de ses membres. Ce principe semble avoir été consacré par la constitution de l'an 8.

Sur une liste de candidats formée par les Collèges électoraux, trois sujets étaient désignés, l'un par le premier Consul, un second par le Tribunat, un troisième par le Corps Législatif, et le Sénat choisissait.

Il vaudrait mieux ce semble que des trois autorités qui doivent désormais concourir à la législation l'une choisît sur la liste générale cinq individus, dont trois seraient présentés par la seconde autorité à la troisième. Mais il faudrait de plus que la présentation, la réduction et le choix défmitif appartinssent successivement au Monarque et à chacun des deux corps. Ainsi d'abord aucun Français n'entrerait au Sénat qu'avec l'assentiment des trois autorités et de la nation même. D'un autre côté les élus, également redevables aux différens électeurs ne seraient jamais tentés de sacrifier aucun droit à la reconnaissance. Enfin l'alternat préviendrait entre les premiers corps les défiances, les mécontentemens, les rivalités.

L'adoption d'un tel mode permettrait aussi de décider par le seul intérêt national la question de *l'hérédité de la Pairie*.

Outre l'inconvénient de diviser les intérêts, un autre danger de cette prérogative serait d'appeller plus ou moins souvent à de hautes fonctions des enfans dégénérés. Un inconvénient du système électif pourrait seul balancer ces inconvéniens. Les nominations fréquentes, si le droit en était attribué exclusivement au Monarque, augmenteraient en effet progressivement son influence et sur le corps à completter et sur beaucoup d'autres fonctionnaires dont il faut garantir l'indépendance. Mais par l'élection mixte, perfectionnée comme je le propose, tous les risques sont également prévenus. (*)

(*) Je n'examine pas à quel point il pourrait être utile de laisser au Monarque le droit de nommer seul un dixième des Pairs.

Quant à l'exécution des lois, l'opinion qui consacre l'unité du Pouvoir exécutif ne suppose pas seulement que les ordres sont donnés, la force publique mue et dirigée par le chef suprême, Elle suppose aussi que les agens sont nommés par lui. Ainsi il doit seul désigner les Ministres, les Conseillers d'État, les chefs de l'armée et de tous les corps qui la composent. Quant au reste, quelques distinctions sont encore indiquées par la nature des fonctions différentes.

Par exemple dans l'administration, les Préfets et Sous-préfets, chargés de transmettre les ordres, d'en accélérer l'exécution et d'en répondre, doivent être à la nomination exclusive du Prince. Mais les conseils administratifs, dont le devoir est de répartir les contributions entre les communes ou les citoyens, de transmettre au Gouvernement les renseignemens de fait et les demandes locales ; les Conseils de préfecture, chargés de prononcer sur les questions contentieuses entre le gouvernement et les administrés ; ces corps, dirigés par les agens du gouvernement et chargés de surveiller ceux qui les dirigent, doivent être composés de magistrats nommés par le peuple. Au moins si les *Conseillers de préfecture* et les *Maires* des villes de cinq mille habitans et au-dessus sont nommés par le Prince, il est bon qu'ils soient exclusivement choisis dans les Conseils généraux et les Conseils de commune; et c'est encore un nouveau mode d'élection *mixte*.

Quant aux Tribunaux on a proposé de laisser à chaque corps de magistrature la faculté de désigner trois candidats pour chaque place vacante. Rien n'empêcherait, ce semble, de donner aux Collèges électoraux le droit de concourir à ces nominations par la désignation préliminaire d'un certain nombre de suppléans, parmi lesquels chaque Cour ou chaque Tribunal désigneraient au gouvernement les jurisconsultes les plus dignes de son estime et de l'estime publique. Cette prérogative n'aurait rien d'incompatible avec l'institution des auditeurs.

Ces mesures admises et régularisées, comme je le conçois, auront en morale comme en politique une influence qu'on ne peut méconnaître. Dans un tel ordre de choses, les aspirans aux fonctions publiques, les hommes même de l'ambition la plus souple ou la plus active ne sont portés par aucun intérêt à flatter ni le Chef, ni tel Corps, ni le peuple même, ni telle portion du peuple. Le seul intérêt de tous est d'obtenir l'estime. De tous les moyens que le génie de la législation peut créer pour la régénération d'un grand peuple, aucun n'irait plus rapidement au but. Et voilà ce semble la solution du plus important des problêmes politiques.

III. *Des élections populaires.*
Graduation, conditions différentes pour l'admission aux Assemblées Électorales.

Sur ces divers objets, l'expérience de vingt-cinq ans n'a pas été sans résultats. Le système représentatif a été réellement perfectionné en France par quelques innovations plus ou moins heureuses.

D'abord, pour diminuer l'agitation, la fièvre universelle qui chaque année ramenait de nouvelles inquiétudes, on a très-sagement ordonné que le cinquième et non la totalité des Départemens pussent à-la-fois s'occuper du choix de leurs Administrateurs et des Députés au Corps Législatif. Mais l'application de ce calcul aux fonctions les moins importantes, mettant trop d'intervalle entre les réunions des diverses sections du peuple, peut, avec le tems, le rendre moins attentif à ses intérêts, plus indifférent pour ses droits. On préviendra cet inconvénient en rendant un peu plus fréquentes les élections purement locales.

2°. L'Assemblée Constituante, en rejettant la gradualité des fonctions publiques, avait adopté la *gradualité des élections.*

Elle avait ordonné que les fonctionnaires de divers dégrés fussent désignés par des Électeurs renouvellés chaque fois, et, pour ainsi dire, choisis la veille. Cette combinaison nous offrait sur un peuple voisin l'avantage évident de laisser dans les élections moins de tems, par conséquent moins de chances à l'intrigue, et de rendre par ce moyen la corruption beaucoup plus rare. Cet avantage paraît presque annullé par l'existence permanente des Corps Électoraux et l'inamovibilité des Électeurs. Mais pour ne pas substituer à un inconvénient un autre danger peut-être plus grave, pour rallentir autant que possible les fluctuation, les vicissitudes de l'opinion, pour prévenir les chocs et les réactions successives, on pourrait et à la permanence, et au renouvellement total des Collèges Électoraux préférer, pour chaque élection, un renouvellement partiel, par exemple du tiers des Électeurs.

3°. Des Assemblées Primaires, des Assemblées Électorales de District et de Département sortaient les fonctionnaires de chaque dégré; les Électeurs du troisième nommaient seuls les Législateurs et tous étaient Candidats au Corps Législatif. Mais une désignation si générale jettait dans le vague les Électeurs arrivés de chaque District; tout semblait laissé au hasard, tout favorisait les combinaisons de l'intrigue et les méprises de la bonne foi. Il serait mieux que chaque Collège Électoral d'arrondissement désignât, pour le Corps Législatif, des candidats en nombre tel que la liste totale fût triple du nombre des Législateurs à nommer. Mais pour réduire encore le pouvoir des préventions locales, et par la raison aussi que le nombre des sujets dignes peut souvent être inégalement réparti, on pourrait autoriser les Électeurs de Départemens à choisir hors des listes qui leur seraient envoyées le tiers des Députés.

Reste à examiner si la justice permet, si l'intérêt public commande ou conseille quelques restrictions au droit d'élire et si ces restrictions doivent, aux différens dégrés d'élection, être les mêmes.

Presque tous les Publicistes ont pensé avec raison que l'exercice de ce droit devait être soumis à des précautions plus rigoureuses que l'éligibilité. Dans une société quelconque les conventions modifient les droits et ces conventions sont diversement motivées. Chaque individu, quand il s'agit de ses intérêts privés, peut choisir ses mandataires. Quand il s'agit des intérêts communs, chaque votant ne stipule pas seulement pour lui, mais stipule en même tems pour ses co-associés. Sous ce rapport le droit de nommer est aussi uue fonction publique. Pour celle-là, comme pour toute autre, tous les associés peuvent exiger de chacun une garantie. La difficulté est dans le choix.

Relativement aux deux premiers dégrés, je n'imagine, je l'avoue, que trois conditions qui puissent concilier les intérêts politiques et ceux de la morale et l'on peut les énoncer ainsi :

» Seront admis dans les Assemblées Prima.res

èt admissibles aux Collèges Électoraux d'arrondissemens, tous les pères de famille, âgés de
trente ans, sachant lire et écrire. »

Ainsi dans les premières Assemblées chaque
famille serait représentée par son chef ; et le sys-
tême Représentatif aurait sa base dans la nature
même.

Mais plusieurs genres de services réclament
des distinctions dont on peut faire ou des encou-
ragemens ou des récompenses. J'ajoute donc à
l'article proposé un autre article :

» Deux années de service militaire en tems de
paix ; chaque année de service en tems de guerre ;
deux ans de *baccalauréat*, une année de *licence*
dans les Académies, enfin chaque année d'exercice dans une fonction publique abrégeront d'une
année le tems exigé pour l'admission aux Assemblées primaires et aux Collèges d'arrondissement.»

Ainsi la première disposition proposée serait
un hommage à la morale, la seconde un hommage à la valeur et aux lumières.

Quant aux Collèges Électoraux de Départemens, on pourrait, outre les titres précédens, en
exiger trois autres,

1°. L'âge de 40 ans.

2°. Une propriété payant trois cens francs de
contribution.

3°. La moitié des services exigés pour l'éligi-
biligé aux fonctions départementales.

Des Candidats au Corps Législatif on n'exigerait, il est vrai, que des services et des épreuves,
sans la condition d'une grande propriété. Mais
leur nomination étant exclusivement confiée aux
propriétaires, il est probable que très-peu d'éli-
gibles seraient élus parmi ceux qui n'auraient
pas la même fortune. Il est certain qu'on ne pré-
férerait à cette recommandation que celle d'un
mérite transcendant. Or personne ne concevra
ou personne n'avouera l'intention d'exclure un
pareil titre.

Résumé. Dernières questions.

On voit en résultat la nation entière, non di-
visée, mais distinguée en quatre ou cinq classes,
liées entre-elles par des rapports mutuels et surtout par la facilité laissée à chaque individu de
passer d'une classe à l'autre.

Le principal titre de toute distinction est dans
les services rendus à la patrie. Rien par conséquent de semblable aux divisions aristocratiques,
fondées sur des prérogatives héréditaires ou sur
la différence des fortunes ; rien ne peut rappeller
ces divisions qui sans cesse ont agité et qui ont
souvent bouleversé les anciens États de l'Italie et
de la Grèce.

Sans doute pour les fonctions publiques, comme pour les élections, certaines classes sont, jusqu'à certain point, subordonnées à d'autres.
Mais

Mais les fonctionnaires et les électeurs de chaque dégré étant désignés par les citoyens de la classe qui précède, seront choisis, par conséquent, parmi les hommes le mieux recommandés par la probité et les lumières et non signalés par l'ambition. Partout l'homme public a intérêt de mériter la confiance de ses concitoyens, et cet intérêt est partout un préservatif contre l'orgueil.

Les principes de l'association, les divers intérêts des associés sont donc respectés également. La liberté et la sûreté, l'égalité et le repos sont à-la-fois conciliés et garantis. La société n'ajoute dans le fait aucune inégalité à l'inégalité naturelle et ne reconnaît, entre les associés, de différence que celle des vertus plus ou moins éprouvées, celle des talens et des lumières, celle des services plus ou moins utiles.

J'ai parlé de *Compensations :*

Trois corps délibérant sur les lois, — Les agens d'exécution subordonnés à un seul chef,

Ces premiers points sont le plus généralement convenus.

Le droit de nomination partagé entre le Gouvernement et le peuple,

Attributions exclusives,-Attributions communes,

Avancement progressif des fonctionnaires de tous les ordres,

Éligibilité, droit d'élire calculés sur la moralité et les services,

Le dernier droit soumis, quant au troisième dégré seulement à une condition de plus........

En parcourant ces divers genres de prérogatives et saisissant l'ensemble, en calculant la force que peut donner chaque fonction ou chaque élection, en évaluant séparément et par comparaison tous les pouvoirs et toutes les influences, peut-être on pourra distinguer, dans un grand nombre de combinaisons, celles qui peuvent donner l'équilibre, et entre celles-ci choisir la plus convenable à notre position actuelle et à nos besoins permanens.

Si l'équilibre une fois obtenu était, malgré toutes les précautions, dérangé par l'un de ces incidens qui échapent à tous les calculs de la prévoyance humaine, si des abus marquans appelaient, non seulement des réformes, mais des garanties nouvelles; si enfin, le tems indiquait dans nos institutions des détails à changer, des lacunes à remplir, comment prévenir ou terminer les dissentions que la différence des intérêts peut susciter encore? Le seul secret sans doute est de consacrer, pour la réforme de la Constitution, un mode *constitutionnel*.

Supposons que des projets discutés successivement par deux Corps Législatifs, dont le second augmenté en nombre et entièrement renouvellé (*), soient présentés ensuite à tous les

______

(*) L'augmentation numérique et le renouvellement total ne peuvent s'entendre que des dépenses et des Électeurs.

Collèges Electoraux de Départemens et d'Arrondissemens ; ce mode, éprouvé en partie dans
une occasion solanelle, ce mode paraît, de
tous ceux qu'on peut regarder comme praticâ-
bles, être à-la-fois le plus imposant et le plus
conforme à tous les intérêts et à tous les droits.

Ici, comme dans tout ce qui précède, je n'ai pu
qu'indiquer les conditions ou les données d'un
grand problême. La solution complette est digne
des sages qui, jettés tour à tour au milieu des
tempêtes politiques, ou dans les retraites les plus
profondes, ont médité sur la force des institutions
et celle des évènemens, sur les erreurs des Gouvernemens et les erreurs des peuples.

Aurons-nous trouvé enfin les garanties que
nous cherchons, avec une constance si souvent
contrariée et si opiniâtre ? Les lois enfin seront-
elles assez fortes pour commander aux hommes ?

Depuis 25 ans l'Europe s'est levée au bruit de
nos divisions. L'amour de la liberté, l'horreur de
l'anarchie ont agité à-la-fois tous les peuples.
Deux fanatismes contraires ont confondu le plus
horrible des fléaux et le premier des biens. Pour
les esprits éclairés, il s'agissait de distinguer.

Des combinaisons funestes avaient déplacé les
intérêts, irrité toutes les passions. La guerre nous
a environnés ; elle a porté au loin et rapporté
au milieu de nous ses ravages. Au bruit des armes les Révolutions ont succédé aux Révolutions,
les opinions ont paru changer, les Gouverne-

mens ont pris successivement toutes les for-
mes.

Des vérités éternelles, combattues d'un côté
par des intérêts mal entendus, ont été décriées
de l'autre par l'exagération. L'exagération re-
tranchée, la vérité reste : nous arrivons au moment de les séparer.

Après avoir parcouru, au milieu des orages,
le cercle des épreuves et des erreurs, détrom-
pés à-la-fois des illusions anciennes et des nouvelles illusions, nous cherchons le repos à une
distance à peu près égale des extrêmes.

La paix extérieure, garantie par le respect de
tous les Gouvernemens pour les droits des na-
tions ; au dedans, une Constitution adaptée à
l'état actuel de la civilisation et des lumières,
tout contribuera sans doute à fixer nos destinées.

A tant de souvenirs pénibles survivront d'autres souvenirs. Quand l'histoire redira des fautes
et des malheurs inouis, des chocs effrayans, des
chûtes éclatantes, nos institutions attesteront la
sagesse des hommes d'État ; tout rappellera la
gloire de nos guerriers.

Quant aux Princes qui respectent les droits
de l'humanité, le bonheur général leur assurera
à jamais l'estime, la reconnaissance et l'amour
des peuples.

LENGLET.

A Douai, de l'imprimerie de Mad. Wagrez. 1815.

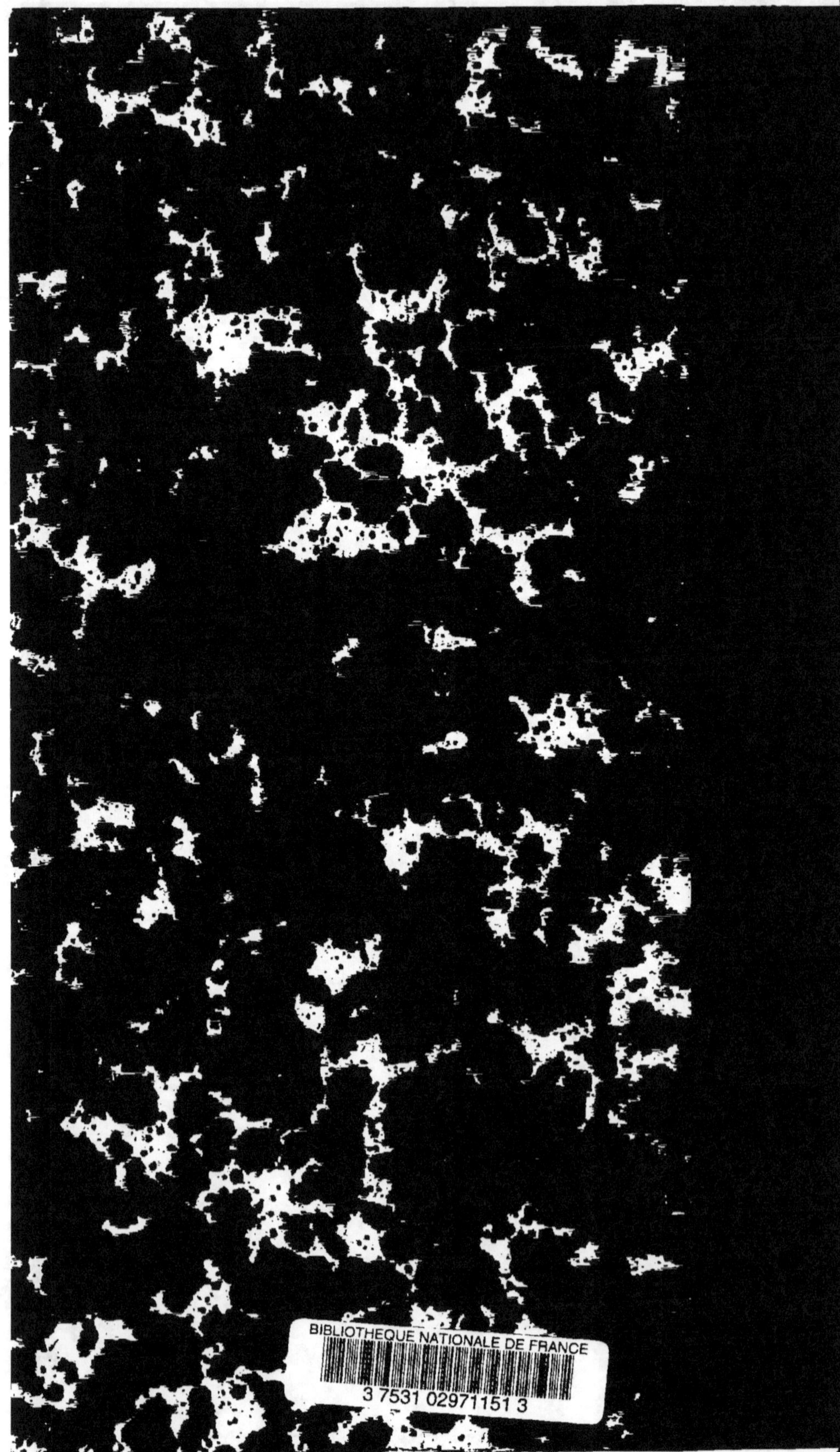

BIBLIOTHEQUE NATIONALE DE FRANCE
3 7531 02971151 3